AF336238

OPINION

D'UN FRANÇAIS

SUR

L'ACTE ADDITIONNEL AUX CONSTITUTIONS.

Je n'irai pas, misérable transfuge, me trainer d'un pouvoir à l'autre, couvrir l'infamie par le sophisme, et balbutier des mots profanés pour racheter une vie honteuse.

M. B. de C. (Journ. des Débats du 19 mars 1815.)

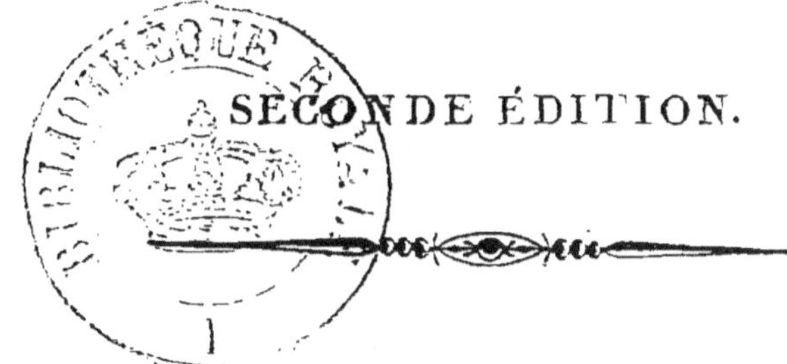

SECONDE ÉDITION.

A PARIS,

Chez
{
DELAUNAY,
DENTU,
PETIT,
} Libraires, au Palais-Royal.

BLANCHARD, Libraire, galerie Montesquieu.

EYMERY, Libraire, rue Mazarine.

BABEUF, Libraire, rue du Petit-Lion Saint-Sulpice, n° 26.

1815.

OPINION

D'UN FRANÇAIS

SUR

L'ACTE ADDITIONNEL AUX CONSTITUTIONS.

Je ne suis ni enthousiaste de Napoléon, ni ennemi des Bourbons. Citoyen obscur et satisfait de mon sort, je n'ai personnellement rien à attendre, à craindre ni à espérer de l'un ni des autres. Je ne veux ni insulter au malheur, ni braver la puissance, et encore moins la flatter. Ce n'est pas du mécontentement que je vais exprimer ; c'est mon opinion que j'émettrai avec franchise ; la taire serait une injure pour le gouvernement qui proclame la liberté de la presse. Le silence en révolution n'est pas, comme on fait quelquefois semblant de le croire, un signe d'approbation ; c'est toujours la marque de la stupeur.

Etranger par mes études, mes habitudes, mes goûts peut-être même, à des discussions politiques, je me trouve cependant, comme Français, appelé à donner mon vote sur l'acte additionnel aux constitutions. Ma position est celle d'un homme auquel survient un procès; l'habitude des affaires commerciales, l'étude des sciences ou des lettres, le génie même, le rendent d'autant plus étranger à la législation, ou si l'on veut à la chicane; et pour ne pas compromettre ses droits, il fait choix d'un jurisconsulte habile et honnête à qui il confie le soin de les discuter, de les défendre, et qu'il accompagne à l'audience.

Il en est de même de l'immense majorité de la nation, majorité dont je fais partie. Pour agir avec connaissance de cause, elle ne doit agir que par fondé de pouvoir; mais il faut que ce procureur soit un homme de son choix et à sa nomination, sans aucune intervention ni influence.

Jusque-là les observations ne me sont pas interdites, et je m'en permettrai quelques-unes sur l'acte additionnel.

D'abord, je dirai que ce n'était pas-là ce que m'avaient annoncé les proclamations de l'empereur, et cette reconnaissance fastueuse de la souveraineté du peuple.

Le décret du 13 mars porte, article 3 :

« Les colléges électoraux des départemens de

« l'Empire seront réunis à Paris dans le courant
« du mois de mai prochain en assemblée extraor-
« dinaire du Champ de Mai, afin de prendre
« les mesures convenables pour corriger et mo-
« difier nos constitutions, selon l'intérêt et la
« volonté de la nation, etc. »

J'avoue que, d'après ces paroles, je me repré-
sentais une assemblée de la grande famille, où
l'on serait convenu de trois ou quatre articles
qui eussent déterminé les *mesures convenables
pour corriger et modifier les constitutions*. Le
résultat eût dû être une convocation de députés
chargés de la missions spéciale de corriger, modifier, et conséquemment refondre les constitutions; car cette assemblée général des colléges
électoraux est trop nombreuse pour être assemblée délibérante, et nos constitutions sont telles,
les actes auxquels on donne ce nom sont en si
grand nombre, qu'on aurait plutôt fait de refaire
que de corriger. Ajoutez à cela que la refonte
faite d'un seul jet met tout le monde en état d'en
mieux juger, et ôte le pretexte ou la crainte de voir
fouiller dans d'anciennes lois. Cependant encore,
comme il importe de ne pas nous donner l'habitude de voir à chaque événement tout détruire,
on eût pu prendre pour base un seul de tous
les actes qu'on a décoré du nom de constitu-

tions, et faire à ce seul acte, en annullant tous les autres, toutes les modifications et additions nécessaires *selon l'intérêt et la volonté de la nation.*

Après avoir donné les codes civil et criminel, de commerce, de procédure civile et d'instruction criminelle, pourquoi laisser à la postérité la gloire de faire le code politique des Français!

Mais c'est des assemblées primaires seules que peut émaner le pouvoir de proclamer la volonté de la nation. Que les assemblées primaires convoquées loyalement nomment des électeurs chargés de choisir les membres d'une assemblée constituante. Ce mot d'assemblée constituante ne doit effrayer personne; il doit paraître bien doux aux sincères amis de la liberté, et serait en harmonie avec les sentimens et les principes proclamés aujourd'hui.

Cette nouvelle Assemblée constituante discuterait chaque article de la constitution dont le Gouvernement présenterait le projet; les rejetterait ou les adopterait, et y ferait telles additions qu'elle jugerait convenables; elle cesserait d'exister aussitôt après la fin de ses travaux, dont elle s'occuperait uniquement et exclusivement.

Depuis vingt-cinq ans, c'est toujours au nom de la nation qu'on nous a opprimés, c'est toujours au nom de la nation qu'on a renversé nos oppresseurs , et cette nation n'a jamais été comptée pour quelque chose que dans les premiers et les derniers actes de chaque gouvernement. Les événemens ont assez prouvé qu'elle méconnaissait dans l'occasion ceux qui l'avaient méconnue , et qu'elle ne peut avoir confiance en qui se méfie d'elle. D'une génération à l'autre , un Gouvernement peut tromper ses administrés. Mais nous avons personnellement été dupes si souvent , que nous ne pouvons plus l'être. Quelqu'habile que soit un Gouvernement aujourd'hui , on le devine mieux qu'il ne sait feindre ; nous pouvons être ses victimes , mais nous ne serons pas ses dupes.

On a fait un reproche à Louis XVIII de n'avoir pas consulté la nation , d'avoir constitué représentation nationale une assemblée qui ne tenait pas pouvoir de la nation. Pour prouver ses torts , pour les aggraver , il faut se conduire autrement que lui. L'imiter serait le justifier. « On croit toujours , dit M. Carnot ,
« avoir droit d'attendre plus de celui qui vient
« que de celui qu'on force de quitter. Quand
« on a chassé quelqu'un pour occuper sa place ,
« on prend l'engagement tacite de faire mieux

« que lui (1). » Qu'a à craindre de la nation un Gouvernement qui se fait gloire de tenir tout de son amour ?

Mais pourquoi ces registres ouverts à tous venans et dans toutes les admistrations? La révolution nous a accoutumés à traiter sans importance les choses les plus graves. Où est la garantie pour le dépositaire du registre que le premier venu qui vient s'inscrire chez lui, est français, ou qu'il a acquis les droits de citoyen, ou qu'il n'en est pas déchu; ou que même il n'est pas interdit, ou qu'il n'a pas déjà voté ailleurs? Pourquoi présenter ces registres à tous les employés qui se croyant dans l'alternative de signer ou de perdre leurs places, n'ont point de liberté d'opinion, et qui en donnant leur signature comme employés, ne se regardent pas engagés comme citoyens. Pourquoi le même citoyen se trouve-t-il dans la position de donner trois ou quatre voix ? Ainsi les membres de l'Institut, par exemple, après

---

(1) *Mémoire adressé au roi en juillet* 1814, Paris, 1814, page 46 ; ou dans le *Lynx*, page 45. J'indique les pages et les éditions, parce que je me suis aperçu que la phrase citée, et quelques autres, ne se trouvent pas dans toutes les éditions du *mémoire*.

avoir signé sur les registres ouverts dans les bureaux de cette compagnie illustre, figurent encore presque tous dans les divers établissemens d'instruction où ils sont employés ; et quelques-uns se retrouvent de nouveau dans différentes administrations où ils occupent des places éminentes.

En voilà assez pour faire voir combien est vicieuse la méthode employée pour recueillir les votes, qu'on vient ensuite compter un à un.

Ces réflexions ont dû nécessairement précéder ce que j'avais à dire sur quelques articles de l'acte additionnel *soumis à l'acceptation libre et solennelle de tous les citoyens.* Je me bornerai à huit ou dix.

Art. 3 et 4.

« La première chambre, nommée Chambre de
« Pairs, est héréditaire.—L'Empereur en nomme
« les membres qui sont irrévocables, eux et leurs
« descendans mâles, d'aînés en aînés en ligne
« directe. Le nombre des pairs est illimité. »

Je ne sais si une pairie héréditaire n'est pas incompatible avec le principe que les citoyens sont admissibles à tous les emplois, et encore plus avec l'opinion du siècle, et le décret qui détruit la noblesse.

C'est en rétablir une ; c'est justifier ce mot sur la révolution : *ôte toi delà pour que je m'y mette.* C'est s'aliéner à jamais peut-être, mais pour long-temps du moins, une partie importante de la nation, partie qui a été injuste, sans doute, dans ses prétentions, mais envers qui il ne faut pas l'être. On souscrit au sacrifice de son patrimoine, pour le bien de son pays ; mais on ne se résigne pas à s'en dépouiller pour le voir passer dans les mains d'autrui.

L'hérédité, dit-on, assure l'indépendance. Oui, quand cette hérédité se trouve établie, et qu'elle n'est pas balancée par la faculté d'augmenter à l'infini le nombre des pairs. Ne suffirait-il pas que les pairs fussent à vie, que le nombre en fût limité en moins comme en plus ; que l'on ne pût les choisir que parmi les citoyens qui ont ou auraient été députés, ministres, ambassadeurs, généraux d'armée, etc.

L'indépendance de la chambre ne serait-elle pas aussi assurée, surtout si elle était chargée elle-même des nominations sans aucune influence étrangère. La chambre est plus que qui ce soit intéressée à sa bonne composition. Le mode des

nominations du noyau de la chambre des pairs
serait déterminé par l'assemblée constituante ; un
tiers du noyau pourrait être à la nomination du
gouvernement.

A R T. 17.

La qualité de pair et de représentant est com-
patible avec toutes fonctions publiques, hors
celles de comptables.

Cet article ne serait-il pas susceptible
de quelques modifications ?

SUR L'ART. 21.

Le délai de six mois entre la dissolution de la
chambre des représentans et la réunion d'une
nouvelle, ne pourrait-il pas, ne devrait-il pas
être restreint ?

ART. 23.

« Si les amendemens ne sont pas adoptés par
« le gouvernement, les chambres sont tenues
« de voter sur la loi telle quelle a été pro-
« posée. »

Cet article paraît un peu dur, et peut être un grand obstacle à la perfection d'une loi. N'est-ce pas alors le gouvernement qui impose la loi à la chambre des représentans?

ART. 26.

« Aucun discours écrit, excepté les rapports
« des commissions, les rapports des ministres sur
« les lois qui sont présentées, et les comptes qui
« sont rendus, ne peut être lu dans l'une ou
« l'autre chambre ».

Les ministres, ce me semble, ne doivent pas être plus favorisés que les représentans, et les uns et les autres doivent être assujétis à l'improvisation. Dès-lors tous les discours écrits seraient interdits, à l'exception, 1° des rapports des commissions; 2° des textes des projets de loi; 3° des comptes rendus par les ministres.

ART. 27.

« Les colléges électoraux de département et
« d'arrondissement sont maintenus, conformé-

« ment au sénatus - consulte du 16 thermidor
« an 10, sauf les modifications qui suivent ».

Rien n'est plus obscur et plus embar-
rassant en législation que ces modifications, quand elles ne portent que sur une
partie des dispositions d'une loi.

A R T.   35.

« Dans le cas de la dissolution de la chambre
« des représentans, les impositions votées dans
« la session précédente sont continuées jusqu'à
» la nouvelle réunion de la chambre ».

Il me paraît important de supprimer
cette disposition. N'est-ce pas assez que la
chambre n'ait pas une époque à laquelle
elle s'assemble de droit. N'est-ce pas assez
que l'Empereur puisse la dissoudre ?
faut-il encore qu'il puisse se passe r d'elle
pour les impositions. Et si l'année précédente a été une année de guerre, les
impositions en temps de paix seront-elles
continuées sur le même pied ?

Je me borne à ces observations que je pour-
rais étendre à d'autres articles. J'en dirais bien
plus encore si je parlais des lacunes ou omis-
sions ; je dois remarquer, au reste, que ces la-

cunes sont le résultat de la forme donnée à l'acte sur lequel je m'exprime. Mais je ne puis m'empêcher d'en signaler une qui a frappé tous les esprits. Je veux parler de l'abolition de la confiscation des biens. C'est-là une idée libérale, et je ne crains d'être démenti par personne en avançant que c'est là une idée universellement goûtée. Elle ne se trouve dans aucun acte antérieur à 1814. Il est indispensable de la consacrer; et si les Français étaient d'accord sur tous les points, comme ils le sont sur celui-là, s'ils étaient tous aussi contens des articles qu'on leur soumet, qu'ils sont fâchés de ne pas prononcer l'abolition de la confiscation des biens, la patrie braverait l'univers sous les armes.

Je n'attache aucune importance à ces observations. Je les ai émises simplement comme elles me sont venues. Encore une fois, je ne prétends pas avoir dit tout ce qu'il y avait à dire; et je suis le premier à reconnaître mon incompétence, ou du moins mon incapacité. Mais j'ai été appelé à dire mon opinion. Or, de deux choses l'une, ou mes réflexions sont bonnes et il faut en profiter : ou elles ne le sont pas, et dès-lors elles justifient le refus que j'ai motivé en commençant, d'exercer moi-même ma portion momentanée de la souveraineté.

POST-SCRIPTUM.

A L'INSTANT où je fais mettre sous presse la seconde édition de cet opuscule, je reçois aujourd'hui 5 mai, un billet conçu en ces termes :

« Garde nationale sédentaire de Paris. XIe légion,

« 1er bataillon,   1ere compagnie.

« ORDRE de service.

« M. Beuchot, etc., est invité à se rendre de suite à la « Mairie, pour inscrire son vote sur la Constitution. « Ordre du jour du 2 mai 1815. *Signé* le Comte Durosnel.

« Ce 3 mai 1815.

« *Signé* Gillot, père, sergent-major par interim. »

Par obéissance, et afin qu'on ne prenne pas mon silence pour approbation, je suis allé signer NON.

DE L'IMPRIMERIE DE MAME.